불교지식 꽁트

저자

—

윤창화

민족사

의도

불교는 어렵다고 한다. 조금도 틀린 말이 아니다. 가장 어려운 것은 용어가 한자이기 때문이고, 게다가 개념도 매우 어렵다. 불교의 중요한 개념인 공(空), 무아(無我)에 대하여 이해한다면 그는 초보를 벗어났다고도 말할 수 있을 정도이다.

이 책은 불교의 중요한 용어, 언어들에 대하여 70년대에 유행했던 '꽁트'라는 장르를 통하여 접근했다. 재미를 붙이다 보면 불교를 알 수 있게 하기 위해서였다.

읽다가 10분마다 '빵' 하고 웃음이 터진다면, 또는 사색이라고 하게 된다면 기대치는 100%로 성공했다고 할 수 있다. 올 여름은 무진장 더웠다고 하지만, 이 책에 빠져서 더위를 몰랐다.

2023. 9

윤창화 합장

불교
지식
꽁트

차례

부처님

천년이고 만년이고
한자리에 앉아서 버티는 데는
그 누구도 당할 사람이 없다.

자욱한 향불 더미 속에서도
눈도 깜작 않고 앉아 계신다.
그 의연함에는 경탄하지 않을 수가 없다.

1년 365일 맨밥만 드신다.
그런데도 조금도 싫다는 기색이 없으시다.
거기엔 놀라지 않을 수가 없다.

중생들이 부르는 찬불가 소리
이젠 지겨우실 만한데도 무표정
거기엔 그 누구도 항복하지 않을 수 없다.

부처님 _____ 불(佛), 불타(佛陀), 붓다(Buddha)의 우리
말 표현으로, 그 뜻은 '깨달은 자', '눈을 뜬 자', '깨달음
을 이룬 분'이라는 뜻이다. '님'은 존칭. 우리가 말하는 '부
처님'은 불교의 개조 석가모니 부처님을 일컫는다. 그러나
그 외에도 진리불(眞理佛)로서 아미타불(무량수불), 비로
자나불, 노사나불, 아촉불 등 많은 부처님이 계신다.
불교에서는 깨달은 이라면 누구든 다 '붓다'라고 할 수 있
다. 그러나 일반적으로 특별한 설명 없이 '붓다'라고 하면
불교를 창시한 '고따마 싯다르타', '고따마 붓다(석가모니
불)'를 가리킨다.

법

불변의 진리다.
붓다의 고귀한 가르침, 말씀이다.

법(法) —— 불교의 진리로 산스끄리뜨어 다르마 (dharma)의 한자 표기이다. 다르마란 일찍이 인도 고대 『베다(veda)』 등 브라만교의 여러 문헌들 속에서 사용되어 온 말이다. 붓다의 가르침, 불교의 진리는 삼법인, 사성제, 팔정도, 연기법, 중도 등으로, 이는 모두 번뇌, 고 (苦), 괴로움 등 마음을 괴롭히는 존재들로부터 해탈하여 행복한 삶을 위한 가르침이라고 할 수 있다.

부처님께서는 열반에 드시면서 "법에 의지하라. 법을 등불로 삼아라."라고 하셨고, 애착, 집착을 갖지 말라고 하셨다. 집착이 괴로움을 낳기 때문이다. 부처님 말씀이 담긴 경전을 법보(法寶)라고 한다.

스님

청초한 아침 이슬이다.
우리들의 영원한 이상향이고
일체중생이 흠모하는 동경의 대상이다.

남녀 간의 사랑, 애정
이런 문제와는 금생엔 하직한 분들이다.
돈, 명예, 욕망과도 이별한 분들이다.

무소유의 상징
문명과도 담을 쌓고
오직 붓다가 되기 위하여 불철주야 근무하신다.

스님 ——— 스님은 스승 '사(師)'의 우리말 표현이다. 또는 '승(僧)님'이 '스님'이 되었다는 설도 있으나 국어학자들은 인정하지 않는다. 불교에서 '사(師, 스님)'는 중생을 교화하는 '스승님'을 뜻한다.

스님들은 번뇌가 없는 분이지만, 다만 미혹한 중생들이 날로 급증하는 것이 가장 큰 번뇌다. 사회가 날로 험악해져 가고 있으니 스님들의 번뇌도 증가할 수밖에 없을 것이다.

사홍서원

약속
너와 나의 약속
우리들의 약속이다.

모든 불자들과의 약속
제불 여래와의 약속이다.

사홍서원(四弘誓願) _____ 모든 중생을 다 교화하고, 번뇌를 끊고, 법문을 배워 최상의 불도를 이루겠다는 네 가지 서원. 또는 네 가지 큰 맹세.

구체적으로는 1) 중생을 다 건지오리다. 2) 번뇌를 다 끊으오리다. 3) 법문을 다 배우오리다. 4) 불도를 다 이루오리다. 우리나라에서는 모든 불교 의식 및 법회의 시작에 삼귀의를 하고, 법회를 마치면 종료(終了) 의식으로 사홍서원을 한다.

법문

인간이 되라는 말씀이다.
사람답게 살라는 말씀
제발 좀 철이 들라는 말씀이다.

정신 차리라는 말씀이다.
허상에 사로잡히지 말고
진실을 똑바로 보라는 말씀이다.

깨달으라.
마음을 비워라.
번뇌 망상을 끊으라.

끝날 듯 끝날 듯
끝나지 않는 큰스님의 마음법문이다.

법문(法門) _____ '법(法)' 즉 '진리의 세계로 들어가게 하는 문(門)'이라는 뜻에서 '법문(法門)'이라고 한다. 법문은 집착과 욕망에서 벗어나서 피안(니르바나, 열반)의 세계에 이르게 한다. 스님들의 설법을 법문이라고 하는 것은 부처님을 대신하여 가르침을 전하기 때문이다.

고(苦)

남편의 외박질
아내의 춤바람
끝도 없이 떨어지는 빚투 주식이다.

불면증 환자의 기나긴 밤
대입에 낙방한 고3 학생의 얼굴
직장에서 쫓겨난 40대 가장의 뻥 뚫린 가슴이다.

아, 인생.

고(苦, 괴로움) _____ 불교에서는 일체(一切)는 개고(皆苦)라고 한다. 또 생로병사 4고(苦)에, 애별리고(愛別離苦, 사랑하는 사람과 이별의 고통), 원증회고(怨憎會苦, 대척 관계와 만나야 하는 고통), 구부득고(求不得苦, 갖고 싶은 것을 갖지 못하는 데서 겪는 고통), 오음성고(五陰盛苦, 욕망과 불만족에서 겪는 고통)를 합하여 모두 8고(苦)라고 한다.

불교의 목적은 이 고(苦)에서 벗어나자는 데 있다. 그리고 일체개고가 시사하는 것은 삶은 괴로운 것, 고통스러운 것이므로 너무 여기에 집착하지 말고 괴로움이 소멸된 열반의 세계를 성취하라는 것이다.

염불

천상의 노래, 극락송!
유토피아의 멜로디다.

정토의 클래식
붓다의 나라에서 들려오는 깨달음의 소리다.

산사의 새벽 염불 소리
속세의 찌든 때를 씻는 청아한 소리다.

염불(念佛) ——— 원래 뜻은 마음속으로 '부처', '부처님을 생각하는 것', 즉 염불 삼매 수행을 뜻한다. 입으로 부처님의 명호를 부르는 구칭염불(口稱念佛)을 '염불'이라고 해석한 것은 중국 정토종의 시조인 선도(善導, 618~681) 스님이다. 이후 염불 수행법은 염불 선정 삼매라는 난이도가 있는 수행법에서 하향하여 입으로 부처님의 명호를 부르는 대중적인 수행법으로 정착되었다. 정토불교가 중국, 한국, 일본에서 대중성을 확보하게 된 것도 이(구칭염불) 때문이라고 할 수 있다.

무아

혼이 나간 듯
TV를 보고 있는 어린아이의 얼굴
나는 나의 존재를 잊었다.
망아(忘我).

백화점 명품 코너에서
화석이 되어 버린 아가씨
설마 죽은 것은 아니겠지?

무아(無我) ——— 나(我)란 없다는 뜻. 논리적 바탕은 오온무아(五蘊無我, 오온은 무아), 제법무아(諸法無我, 모든 존재는 무아)이다. 오온무아란 인간을 구성하고 있는 색·수·상·행·식 오온에는 항구적인 실체로서 '나(我)', '나의 것'이라고 할 수 있는 것은 없다[我空]는 뜻이다. 제법무아는 법공(法空)으로 나를 포함한 만물 역시 실체가 없다는 뜻이다. 또 무아는 아뜨만(ātman)을 부정하는 개념이기도 하다. 초기경전의 주석서들에서는 대부분 '실체가 없다'는 뜻으로 정의하고 있다.

목어

문학의 소리
산사의 클래식
지친 영혼을 일깨우는 소리다.

청아한 소리
반야바라밀다의 소리
번뇌를 잊게 하는 선사(禪師)의 법음(法音)이다.

목어(木魚), 목탁(木鐸) —— 독경, 예불, 염불 등에 사용하는 목관 악기. 목어, 목탁 소리는 그 자체가 청아한 법음이다. 목어는 문학적 감상을 자극한다. 그래서 목어와 관련된 문학적인 문구도 많다.

'목어(木魚)'는 물고기 눈을 가리킨다. 물고기는 잠을 잘 때에도 눈을 감지 않고 잠을 잔다고 한다. 물고기처럼 졸지 말고 열심히 수행 정진하라는 뜻이다. 또 목탁(木鐸)엔 경종(警鐘)의 의미도 있다. 《논어》에 그런 말이 보인다.

우리나라에서는 목탁을 손으로 들고 치는데, 다른 나라에서는 탁자 위에 놓고 한 손으로 친다. 그리고 한 손으로는 경전이나 염불문을 넘긴다.

색즉시공

여자는 허망한 존재다.
돈 많은 남자만 보면
고무신을 거꾸로 신는다.

남자는 허망한 존재다.
날씬한 여자만 보면
사족(四足)을 못 쓴다.

돈은 허망한 존재다.
하루아침에 사라진다.
육체는 무상한 존재다.
재가 되고 흙이 된다.

색즉시공(色卽是空) ____ 반야심경의 내용을 압축한 대표적인 문구. 물질적인 것[色], 눈앞에 보이는 모든 현상[色]은 실체가 없다[空]는 뜻이다. 즉 모든 존재는 일시적으로 모여서 형성된 것으로 그 요소들이 흩어지고 나면 고정 불변하는 실체, 영원성을 담보하고 있는 실체는 없다는 뜻이다. 속이 텅 비어 있다는 것, 껍데기는 있는데 알맹이가 없다는 것. 모든 존재는 이 색즉시공의 법칙에서 도망칠 수 없다.

대칭되는 문구는 '공즉시색(空卽是色)'이다. 본질은 모두 공이지만 인연이 화합하면 다시 만물이 소생 된다. 앞은 부정적이고 뒤는 긍정적이다.

구업

촌철살인이다.
악담, 비난, 중상모략
타인의 가슴에 깊은 상처를 주는 말이다.

언어의 폭력이다.
야유, 욕설, 조소(嘲笑), 폭언
천박한 자가 최고로 삼는 무기다.

삼악도로 가는 특급 열차 티켓이고
자발적으로 자신의 인격을 깎아내리는 행위다.

구업(口業) _____ 신(身)·구(口)·의(意) 3업 가운데 하나.
거짓말, 욕설, 이간질하는 말, 중상, 모략, 남을 헐뜯는
말 등 모든 나쁜 언어적 행위를 '구업'이라고 한다. 오늘
날 악성 댓글도 구업이다.

구업을 지으면 대부분 삼악도로 가게 되지만, 현세에서
도 손가락질을 받는다. 그러나 불교도들은 크게 걱정할
것 없다. 불교에는 구업을 깨끗하게 해 주는 '정구업진언
(淨口業眞言)'이 있기 때문이다. 다만 고의적인 악담, 모함
은 구제받을 수 없다는 짐이다. 이 점 명심 요망.

집착

초강력 정신 접착제다.
한 번 붙으면 영원히 떨어지지 않는다.

돈[錢], 이성, 명예,
권력, 장수욕, 과시욕
죽어 저승에 가면 저절로 떨어진다.

집착(執着) _____ 갖가지 물욕과 욕망, 그리고 에고, 자존심 등을 집착, 애착이라고 한다. 자신의 생각이 옳다는 착각과 소유욕으로부터 괴로움이 생기고, 슬픔과 걱정, 지옥이 생긴다. 집착을 제거하는 방법은 일체가 공(空)임을 인식하는 것이다.

중생

탐욕으로 무장한 존재들이다.
어리석음의 대명사
불보살님의 구제 대상 0순위다.

에고(ego)의 존재
업의 상속자, 그 시행자들이다.
아직 깨닫지 못한 부처
미완의 부처들이다.

중생(衆生, sattva) —— 중생이란 인간을 포함한 모든 생명체에 대한 통칭이다. 포괄적으로는 미물을 포함하여 살아 있는 만물 전체를 가리키지만, 키포인트는 인간을 가리킨다. 그런데 왠지 '중생'이라고 하면 무지, 욕망, 어리석음의 상징처럼 생각된다. 워낙 부처님께서 "어리석은 중생", "어리석은 중생들"이라고 일괄 타박하셔서 그런 것이 아닌가 생각된다. 그러나 그 가운데 깨달은 부처가 탄생한다.

북본(北本)《대반열반경》에서는 "일체중생은 모두 불성을 갖추고 있다(一切衆生 悉有佛性)"고 하여 중생에 대하여 새로운 가치를 부여했다. 또《대승기신론》에서는 대전제로서 "우리의 중생심 속에 진여문(부처의 길)과 생멸문(중생의 길) 두 가지가 공존하고 있다"고 하여,《대반열반경》보다 진일보한 입장을 제시했다.

본래면목

자연 그대로의 모습
정형이나 성형을 하지 않은 모습
랑콤, 샤넬이 닿지 않은 순수한 모습이다.

동자승의 얼굴
탐욕이 동참하지 않은 얼굴
청정한 마음(淸淨心), 순수이성이다.

본래면목(本來面目) ——— '본디 모습', '원래 얼굴'을 가리키는 말이다. 그렇다고 외형을 지칭하는 말은 아니다. 존재적·철학적인 의문사로서 '본래적 자기(自己)', '혹은 '너는 누구인가'라는 근원적인 질문을 가리킨다. 이 말은 전변(轉變)하여 '어떤 것이 깨달음의 세계인가?', '무엇이 부처인가?'라는 말과도 동의어로 쓰였다.

또 본래면목이라는 말은 부모미생전과 동의어로, 흔히 '부모미생전 본래면목'이라고 한다. 어감상 영혼 같은 것으로 착각할 수도 있으나 그런 것은 아니고, 분별심, 번뇌 망념이 일어나기 이전의 마음, 즉 청정한 본성을 가리킨다.

범부

불교적 소양(素養)이나 교양,
상식, 지식, 문화적 바탕이 전무한 존재들이다.

탐·진·치로 돌돌 뭉친 존재들
어리석은 존재들
불보살의 근심, 걱정 대상 1호들이다.

범부(凡夫) ____ '보통 남자', '평범한 남자라는 뜻'. 불교에서는 가장 어리석은 자, 무지한 자를 범부라고 한다. 불교적 교양이나 바탕, 소양(素養)이 전혀 없는 사람, 불교적 지식이나 또는 부처님 말씀에 대하여 잘 믿으려고 하지 않는 자를 뜻한다. 탐·진·치 등 오욕에 깊이 몰입해 있는 사람을 가리킨다.

비구·비구니

부처님의 참다운 아들이다.
부처님의 참다운 딸이다.

욕망도, 부귀도 전부 팽개치고
여자도 남자도 쳐다보지도 않고
오로지 무소의 뿔처럼
진리를 향하여 걸어가는 성자들이다.

비구(比丘, bhikṣu), 비구니(比丘尼, bhikṣhuṇī) _____ 남성 출가자를 '비구', 여성 출가자를 '비구니'라고 한다. '비구(比丘)'란 걸사(乞士) 즉 '걸식하는 사람'이라는 뜻인데, 고대 인도에서 수행자는 원칙적으로 걸식 즉 탁발로 하루하루를 생활했다. 그것은 무소유, 무집착의 삶을 유지하기 위해서다. 물론 무소유란 마음의 무소유지만 현실적으로도 무소유가 되어야만 진정한 수행자가 될 수 있기 때문이다.

삼매

오직 그녀 생각
오직 그 남자 생각뿐이다.

오매불망
일구월심
보리(菩提), 깨달음
붓다를 향한 상사병이다.

삼매(三昧) ____ 산스끄리뜨어로는 '사마디(samādhi)'라고 한다. 정신 집중. 또는 올인(All In), 몰입을 뜻한다. 산란한 마음을 하나의 생각, 하나의 대상에 몰입, 집중시켜서 번뇌를 극복, 제압, 물리치는 방법을 말한다. 독서삼매에 빠졌다고 할 때 독서에 몰입, 집중하고 있다는 뜻으로 그 순간에는 번뇌를 잊는다.

그와 같이 선정 삼매가 지속되면 마음이 고요한 상태에 이르게 되고, 결국엔 번뇌가 사라지고 깨달음을 이루게 되는 것이지만, 삼매가 곧 깨달음은 아니다.

이심전심

그대 마음이 내 마음
내 마음이 그대 마음

우리 둘은 하나
그래서 우리는
만나자마자 결혼에 골인했다.

이심전심(以心傳心) ——— 마음과 마음이 상통하는 관계를 이심전심이라고 한다. 앞의 심(心) 자는 스승의 마음을 뜻하고, 뒤의 심(心) 자는 제자의 마음을 가리킨다. 스승의 마음과 제자의 마음의 경지가 같다는 뜻.

이심전심의 전형은 염화미소(拈華微笑)이다. 영산회상에서 "부처님께서 법상에 올라가시어 꽃을 들어 보이자 모든 대중이 어리둥절 서로 얼굴만 쳐다보고 있는데, 가섭존자만이 그 의미를 알고 미소를 지었다"고 한다. 이에 부처님께서는 "나에게 있는 정법안장(正法眼藏)을 마하가섭에게 전한다"고 하셨다고 한다. 선불교에서 만든 아름다운 이야기이다.

해탈(1)

돈의 멍에에서 해탈
권력의 압박에서 해탈
명예의 허상에서 해탈이다.

사회적 구조에서 해탈
경제적 압박에서 해탈
인간관계에서 해탈이다.

관념의 속박에서 해탈
통속적 가치관에서 해탈이다.

해탈(解脫) _____ 굴레의 얽매임에서 벗어나는 것을 뜻한다. 또는 욕망, 욕심, 불만, 불안, 근심, 걱정 등 번뇌, 괴로움의 속박에서 해방되는 것을 말한다. 또 이념의 굴레나 사회적 구조, 관념의 속박, 통속적 가치관 등에서 탈출, 해방을 뜻하기도 한다. 번뇌 망상 등 모든 욕망에서 벗어나 마음이 적멸(寂滅)한 경지에 이르는 것이므로, 언어적 차이는 있지만, 결과론적 의미에서는 니르바나(열반)와 동의어라고 할 수 있다.

해탈(2)

나의 해탈은
욕망, 출세, 물욕에서 해탈
불안, 초조, 미래의 불안감에서 해탈이다.

나의 해탈은
번뇌의 속박에서 해탈
윤회 까르마(업)의 고리에서 해탈이다.

나의 해탈은
사대(四大), 오온(五蘊)에서 해탈
무(無), 공(空)과 하나가 되는 것이다.

해탈 ____ 불교의 해탈은 모든 집착, 번뇌에서 벗어남을 뜻한다. 또 윤회에서 해탈을 의미하기도 한다. 참고로 인도 힌두교에서 해탈은 영혼이 윤회(saṃsāra)의 속박에서 벗어나는 것이다. 그 방법으로 아뜨만은 브라만과 동일하다는 범아일여에 대한 통찰이고, 또 하나는 인격신(비슈누 또는 시바)에 대한 헌신과 사랑[信愛: 박애]을 통해서이다.

일반적으로 힌두교도들은 신에 대한 제례의식을 통하여 현세에서 행복을 얻고, 내세에서 좋은 곳에 태어난다고 생각한다. 그것이 인도인들의 해탈이다. 윤회와 해탈 등은 지금도 인도인의 인생관과 세계관을 결정짓고 있다.

마음(1)

그대 마음은 들개
그대 마음은 불나방

그대 마음은 호수
그대 마음은 갈대

그대 마음은 변덕쟁이
그대 마음은 악마, 강도

그대 마음은 질투의 화신이다.

마음 ___ 마음은 선과 악, 의(義)와 불의 등을 동시에 가지고 있다. 선(善)할 때는 보살 같고, 악할 때는 악마와도 같다. 《대승기신론》에서는 우리의 이 마음(중생심) 속에는 진여와 번뇌 두 가지(진여문, 생멸문)가 공존한다고 하였다. 맹자는 성선설을 주장하였고, 순자는 성악설을 주장하였는데, 인간의 마음에 대해서는 맹자의 안목보다는 순자의 안목이 보다 정확한 판단이라고 할 수 있다. 그렇다고 맹자가 성악을 모른 것은 아니다. 선(善)의 당위성 때문이다.

주인공

너의 진아(眞我)
너의 본질은 무엇이냐?

너의 실체
너의 주인공은 누구냐?
너를 관리, 통제하는 자는 누구냐?

주인공(主人公) ＿＿ '너의 실체', '너의 주인공,' 또는 '진아', '진정한 자기'를 뜻한다. 이는 곧 '나는 누구인가?' 혹은 '그는 누구인가'라는 근원적인 질문이기도 하고, 자신의 본질에 대한 질문이기도 하다.

중국 당말(唐末)에 사언(師彦?~887) 선사는 날마다 큰 소리로 "주인공아!" 하고 부른 다음, 스스로 "예!" 하고 대답하고는 "눈을 떠라, 깨어 있는가?"라고 물었다고 한다. 날마다 이와 같이 자기 자신을 불러서 스스로 경책·각성시켰는데, 게으름 피우지 말고 자신을 성찰해 보라는 뜻이다. 알아차림(사띠, sati)이다.

중도

한 여자에 한 남자에
올인, 집착하지 말아라.
그 여자가, 그 남자가 너를 속박하리라.

관념과 이별하라.
에고(ego)에 사로잡히지 말라.
하나의 가치관에 매몰되지 말라.
그들이 너를 밧줄로 꽁꽁 묶으리라.

중도(中道) _____ 어디에도 치우치거나 편협되지 않는 사고, 행동, 생각을 말한다. 중도 사상의 가장 기본적인 형태는 팔불중도(八不中道, 여덟 가지는 중도가 아님)로, 즐거움(樂)과 괴로움(苦), 있음(有)과 없음(無), 생(生)과 멸(滅), 단견(斷見, 허무주의)과 상견(常見, 영원주의) 등 상대적·극단적인 관점에서 벗어나는 것을 가리킨다. 즉 하나의 가치관이나 고정관념에 매몰되지 말라는 것이다. 하나에 빠지면 그 역시 집착·속박이고, 병이 되기 때문이다. 중도는 곧 공의 이칭이기도 하다.

좌선

앉아서
애욕을 물리친다.
희로애락을 물리친다.
칭찬과 비난을 물리친다.

앉아서
번뇌와 망상을 물리친다.
탐욕과 분노, 명예
돈과 권력을 물리친다.

좌선(坐禪) ⎯⎯ 앉은 채 하나의 주제에 몰입(삼매, 올인)하여 번뇌를 퇴치·제압·추방·극복하는 것을 말한다. 초기불교에서는 무상·무아 등을 사유했고, 대승불교에서는 공(空)을 사유했다. 그리고 간화선에서는 '무', '간시궐' 등 화두삼매(몰입, 올인)를 통하여 번뇌를 극복·퇴치·추방했다.

당대(唐代) 조사선에서는 방장의 법문을 참구했고, 송대 공안선에서는 고칙·공안을 참구했다. 조사·공안선에서는 반야 지혜에 더 중점을 두었던 것이다.

염라대왕

저승 세계의 짱(長)이다.
죽음의 세계를 관리하는 노인장
망자(亡者)의 운명을 결정하는 포청천이다.

지옥의 최고위층이다.
사자(死者)의 악령(惡靈)에
갖가지 형벌을 가하는 고문 기술자다.

염라대왕 _____ '염마(閻魔)' 혹은 '야마(夜摩, Yama)'라
고도 한다. 저승 세계, 지옥의 수장으로서 망자의 영혼
을 심판한다고 한다. 야마(夜摩)는 인도의 신인데,《바가
바드 기타》에 의하면 최초로 죽음을 경험한 사람이라고
한다. 불교에서는 그를 저승 세계를 관리·담당하는 재판
장으로 임명했다. 혹 나쁜 짓을 하는 자들에게 겁을 주
기 위한 것은 아닐까?

할

천둥소리다.
안·이·비·설·신·의를 정지시키는 소리
천년 전 임제 선사가 질렀던 굉음이다.

화두가 터지는 소리
번뇌 망상이 끊어지는 소리
깨달음의 문을 여는 법문이다.

진리로 들어가게 하는 최고의 법문
그대의 막힌 생각을 뚫어주는 미사일이다.
할!

할(喝) _____ 큰 소리로 고함치는 것을 '할'이라고 한다. '일갈(一喝)하다'라는 말에서도 알 수 있듯 원래 발음은 '갈'이다. '할'은 '갈'의 와전이라고 보는 것이 더 옳을 것 같다. '할(喝)', 또는 '갈(喝)'은 큰소리를 질러서 참선자로 하여금 사량 분별심, 집착, 고정관념 등에서 벗어나 깨닫게 하기 위한 교육용 수단이다.

'할'의 고수는 임제 선사(臨濟, ?~867)다. 그는 '임제할'이라는 별명이 붙을 정도로 '할' 전문가였는데, 덕산의 '방(棒)'과 함께 기봉(機鋒, 선의 액션)의 쌍벽을 이루었다. 이때가 중국 선의 르네상스 시대라고 할 수 있다.

임제의 '할'은 주로 사량 분별심에 빠져 있는 참선자를 질타할 때 사용하지만, '긍정적인 할' 등 여러 가지 유형과 용법이 있다. 어떤 의미의 '할'인지 그것은 앞뒤 문장을 보고 파악해야 한다.

아미타불

극락세계의 왕회장님이다.
죽음을 눈앞에 둔 인간들이
지극정성으로 찾는 부처님이다.

죄다(罪多) 중생들이
최후로 기대는 희망불(佛)이다.

아미타불(阿彌陀佛) ____ 서방 극락세계(정토, 불국토)의 교주로, '무량수불' 또는 '무량광불'이라고도 한다. 《아미타경》과 《무량수경》에 의하면 아미타불은 원래 '법장(法藏)'이라는 이름을 가진 비구였는데, 지금으로부터 10겁 전에 48가지 원을 세워 수행한 결과 아미타불이 되었다고 한다. 그 48가지 원(願) 가운데 하나가 수행하여 성불하면 반드시 극락세계를 세우겠다는 것이었다.

《무량수경》에는 그 누구든 죽음에 임박하여 아미타불을 열 번만 외우면 극락세계에 태어난다고 한다. 극락정토는 고통이나 괴로움, 슬픔, 번민, 불행이 없는 곳이다. 오로지 행복만 있는 곳으로 유토피아라고 할 수 있다.

죽음이 문 앞에 와 있을 때 마음속으로 아미타불을 외우면 죽음의 공포에서 벗어나게 된다는 것을 명심하시길…. 이렇게 생각하면 죽음을 초월할 수가 있을 것이다.

화엄

갖가지 꽃이 피어 있는 화단(花壇)
그곳엔 경계와 말뚝이 없고,
벽이 없고, 담이 없다.

너와 나의 차별이 없고,
이상과 현실의 차별이 없고,
부처와 중생의 차별이 없다.

무한의 세계관
관념과 의식의 영역이 없는 세계다.

화엄(華嚴) ───── 꽃으로 장식되어 있다는 뜻. 비로자나 법신(화엄의 진리)의 세계를 의미한다. 화단(花壇)의 꽃처럼 갖가지 꽃이 뒤엉켜 있어도 꽃과 꽃 사이엔 아무런 제약이나 장애, 구속을 받지 않는다. 이것을 '법계무애관(法界無碍觀)'이라고 한다. 이상과 현실은 물론(理事無礙), 현상과 현상, 사물과 사물 사이에도 무애(事事無碍)하다. 화엄의 세계는 관념, 의식이 부서진 세계이다. 원융무애. 따라서 영역 다툼이란 우스꽝스러운 일이다. 우리가 살고 있는 이 세계도 마찬가지가 아닐는지?

아뇩다라 삼먁삼보리

최고의 깨달음이다.
완벽한 깨달음
조금도 결점 없는 깨달음
붓다가 체득한 반야지혜의 진리다.

아뇩다라 삼먁삼보리(阿耨多羅 三藐三菩提) _____ 산스끄
리뜨어 아누따라삼약삼보디(anuttara-samyak-sambodhi)
를 음사한 것. '아뇩다라'는 최상을 뜻하고, '삼먁삼보리'
는 '완전하고 바른 지혜[正遍知]' 또는 '가장 완벽한 올바
른 깨달음[正等正覺]'을 뜻한다. 곧 '최상의 바른 깨달음',
'가장 완벽한 깨달음'이라는 뜻이다. 이 말은 대승불교 당
시 인도의 다양한 종교 지도자, 사상가들이 말하는 깨달
음 중에서도 붓다의 깨달음이 가장 완벽한 깨달음이라
는 뜻이다.

니르바나

허무에서 진실로
불행에서 행복으로
무상 속에서 영원한 삶이다.

마음의 안락
무지와 미혹에서 벗어나
부처의 세계로 업그레이드다.

니르바나(nirvāṇa, 涅槃) ____ '니르(nir)'는 '꺼지다'. '바나(vana)'는 '불'. 즉 '번뇌의 불이 꺼진 상태를 뜻한다. 욕망과 분노, 어리석음 등이 모두 다 소멸된 궁극적인 경지, 근심, 걱정 등 번뇌의 불꽃이 꺼져버린 고요한 마음 상태. 욕망과 괴로움이 모두 소멸된 정신 상태가 니르바나(열반)이다.

한편 열반은 죽음과 동의어로 사용되기도 한다. 마음의 번뇌는 제거되었지만 육체를 갖고 있는 한, 괴로움에서 완전히 자유로울 수는 없기 때문에, 육체까지 없어진 상태를 완전한 열반(般涅槃, 無餘涅槃)이라고 생각하게 되었다. 죽음과 동의어로 쓰게 된 것은 이 때문이다.

법계

삼라만상의 모습이다.
눈앞에 보이는 모든 현상계
있는 그대로의 세계, 자연 그대로의 세계다.

유무형의 모든 세계다.
너와 내가 함께 살아가고 있는 세계
모든 존재가 공존하고 있는 우주 공간이다.

우리의 인식 세계, 의식 세계
불교적 세계관을 통칭하는 대승불교의 언어다.

법계(法界) ＿＿ 정신의 영역, 현상계를 통칭하는 말. 여러 가지 뜻이 있다. 크게는 우리의 의식 세계, 사유, 인식의 세계를 일컬어 '법계'라고 한다. 그리고 우리들이 살아가고 있는 이 세계, 우리의 눈앞에 보이는 현상계를 지칭하는 때도 많다.

《대승기신론》에서는 "법계는 일상(一相)"이라고 하였다. 사물마다 현상적인 모습은 다르지만, 그것을 차별상(다름)으로 보지 말고, 하나로 보았을 때 진여와 합일될 수 있다는 말이다. '법계'는 정신의 영역, 현상계를 통칭하는 대승불교의 세계관을 표현한 말이다.

아뢰야식

자신이 저지른 일들
살아생전에 행동한 것들이
하나도 빠짐없이 입력되어 있는 하드웨어다.

좋은 생각, 나쁜 생각들이
고스란히 쌓이는 영혼의 저장 창고
선악이 쌓여 있는 종합 예금 통장이다.

우리의 일거수일투족
신구의(身口意)에서 발생하는
일체 행위가 저장되어 있는 빅데이터다.

아뢰야식(阿賴耶識) ____ 아리야식(阿梨耶識)이라고도 한다. '아뢰야'란 모든 것을 저장한다는 뜻이다. 곧 업, 업장의 저장 탱크라고 할 수 있다. 대승불교 유식학파의 학설에 의하면 우리의 의식 가운데 가장 심층의식은 아뢰야식이고, 이 아뢰야식은 기능적으로 선악 등 모든 업, 행위가 발생 즉시 자동적으로 입력·저장된다는 것이다. 그리고 육체는 죽어도 이 아뢰야식은 죽지 않고 내생, 내내생으로 이관된다고 한다. 사후에는 이 아뢰야식에 저장된 업에 의하여 내생이 결정된다. 이것을 아뢰야식 연기설(阿賴耶識 緣起說)이라고 하고, 이 아뢰야식이 윤회의 주체라고 한다.

관세음보살

사랑의 화신
자비의 상징
천 개의 미다스의 손과 눈을 가진 분이다.

영원한 우리들의 어머니
괴로울 때나 슬플 때나
언제나 내 영혼과 삶의 귀의처다.

관세음보살(觀世音菩薩) ⎯⎯ 이름 그대로 중생들의 소리를 모두 듣고 관찰하는 보살님이다. 천 개의 손(마법의 손)과 천 개의 눈(초고성능 레이더)으로 일체중생 개개인의 고통을 낱낱이 관찰하신다. 그래서 고통과 어려움을 구해 주는 '구고구난(救苦救難) 관세음보살'이라고 한다. 《법화경》 〈관세음보살 보문품〉에는 "언제 어디서든 고난을 만나면 관세음보살을 부르라. 그러면 고난에서 벗어나게 된다"고 설하고 있다.

관세음보살의 본명은 '아왈로끼떼스와라(Avalokiteśvara)'이고, 고향은 인도, 활동 지역은 글로벌 세계다. '관자재보살(마음대로 관찰한다는 뜻)' 또는 '관음보살'이라고도 한다. 부처님의 위대한 대자대비를 상징한다.

연기

죽음 고(故)로 삶이 있고
삶 고(故)로 죽음이 있네.

악(惡) 고로 선이 있고
선(善) 고로 악이 있네.

그대 고로 내가 있고
나 고로 그대가 있네.

연기법(緣起法) ——— 인연생기(因緣生起)의 줄임말. 인간을 비롯한 모든 존재는 구조적으로 상관관계 아래에서 생성·소멸·존재한다는 이론. "이것이 있으므로 저것이 있고, 저것이 있으므로 이것이 있다"는 것. 동시에 "이것이 없어지면 결국 저것도 없어지게 된다"는 뜻이다. 붓다가 깨달은 진리 가운데 하나로서 삼법인, 사성제 등과 함께 불교 교리의 핵심을 이루고 있다. 또 공의 논리적 이론이기도 하다.

붓다는 깨달음을 성취한 후 21일 동안 일체 존재에 대하여 심도 있게 관찰했다. 그 결과 모든 존재는 독자적·독립적으로 존재하는 것이 아니고, 서로 연관되어 성립·존재한다는 사실을 발견했다. 그것이 연기설이다.

아만

제 잘났다는 생각
인간 미성년자의 착각
우월감에 도취한 심리적 현상이다.

에고(Ego), 환상, 교만심
한 인생을 망치게 하는 정신질환이다.

아만(我慢) _____ 자신을 뽐내며 남을 업신여기는 마음을 가리킨다. 아견(我見)·아애(我愛)·아치(我癡)라고도 한다. 일반적으로 아만은 자기가 최고라는 생각, 잘났다는 생각, 교만심, 남을 업신여기는 마음 등을 가리킨다. 한마디로 인간 미성년자. 인격 미달자의 특성이라고 할 수 있다. 이 병에 걸리면 약이 없다. 오직 부처님만 그 병을 고칠 수 있다고 한다.

삼독

권력 독
명예 독
돈 독[錢毒]

이 독에 빠지면 헤어 나오지 못한다.
사바세계에는 해독제가 없다.
오직 부처님만이 해독제를 보유하고 있다.

삼독(三毒) _____ 탐욕(貪)·성냄(瞋)·어리석음(癡, 무지, 무명), 이 세 가지를 '삼독(三毒)'이라고 한다. 깨달음으로 가는 길을 가로막는 가장 큰 것이기에 '독할 독(毒)' 자를 써서 '삼독'이라고 한다. 그 가운데서도 어리석음(癡), 즉 무지(無知, 無明)가 최악의 독이다.

무지하면 아무것도 할 수 없다. 그럴싸한 인간이 탐욕에 빠지는 것도, 대학을 졸업한 허우대가 멀쩡한 지식층들이 맹신에 빠지는 것도 모두 다 어리석기 때문이다. 어리석다는 것은 무지·현명하지 못함·지혜롭지 못함을 뜻한다. 지혜가 없으면 인생을 망친다. 지혜는 안목이다. 불교에서 지혜를 강조하는 것도 이 때문인데, 곧 어리석음에서 빠져나오라는 뜻이다.

무심(無心)

나에겐 무관심
다른 남자, 다른 여자만 쳐다본다.
그와 나는 영원한 각각등 보체(各各等保體)로다.

나의 존재, 에고
나를 잊은 것[忘我]이다.
관념과 의식의 속박으로부터 초월함이다.

무심(無心) _____ 무념(無念, 번뇌 망념이 없음), 무망심(無妄心, 번뇌 망심이 없음), 무번뇌심(無煩惱心, 번뇌가 없음)을 뜻한다. 일체 그 어디에도 마음을 두지 않는 것, 마음이 대상·경계에 끌려가지 않는 것을 말한다. 반면 유심(有心)은 '어디엔가 마음을 두고 있는 상태', '괘념(掛念)하고 있는 것'을 말한다.

무심은 '공', '중도', '무집착'이 실현된 상태라고 할 수 있다. 조주 선사는 '만물에 무심하라'고 했는데, 대상에 일체 마음을 두지 말라는 뜻이다. 마음을 두는 것, 괘념은 곧 집착을 만들고 집착은 고(苦)·번뇌를 낳고, 번뇌는 인간을 괴롭힌다. 조주 선사의 '방하착'은 일체, 특히 에고를 내려놓으라는 뜻이다.

불국토

행복이 가득한 곳이다.
언덕 위의 하얀 집
지상 낙원, 유토피아다.

부처님 나라
그곳엔 욕망과 이별한 자
마음의 집착을 끊은 자
진리를 본 자만 갈 수 있는 곳이다.

돈, 출세, 욕망과 이별한 자만이 갈 수 있다.

불국, 불국토(佛國土) _____ 부처님의 나라, 정토와 같은 개념이다. 불국토, 정토에는 번뇌라는 것, 괴로움이라는 것이 원초적으로 없다. 곧 깨달음을 이룬 세계, 니르바나의 세계를 가리킨다.

경주 불국사는 가람 배치 등에서 현실의 불국 세계를 만든 것이라고 할 수 있다. 특히 다보탑에서 바라보면 그렇다. 불국은 지금 그대 마음 속에 있다.

번뇌

15세 소녀의 여드름
아! 이것만 없다면
세상은 모두 내 것인데.

진수성찬이 가득한 식탁
이럴 때는 배가 하늘만했으면 좋겠다.

번뇌
인간만이 갖고 있는 특별한 정신 영역
고상함과 천박함 사이에서 태어난 사생아다.

번뇌(煩惱)　　───── '잡념(雜念)', '잡생각', '공상', '쓸데없는 생각' 등을 가리킨다. 불교에서는 근심·걱정·번민·갈등· 욕망·욕심·망설임·불안감 등 마음을 괴롭히는 것들을 모두 번뇌라고 한다. 번뇌는 육식(안·이·비·설·신·의)이 그 대상인 육경을 만나서 발생한다.

눈(眼)으로 사물을 대하면 호오(好惡)의 차별이 생기고 소유욕·욕망 등을 위해 애를 쓴다. 여기서 번민 등이 발생한다. 번뇌를 퇴치하는 방법에는 화두, 위빠사나, 염불·독경·사경·경전 탐구 등 여러 가지 방법이 있다. 불교의 모든 경전과 법문은 결국 이 번뇌를 다스리는 가르침이다. 번뇌가 다하여 없어진 상태를 해탈이라고 한다.

내생

산 자는 갈 수 없는 곳
오직 죽은 자만이 갈 수 있는 곳이다.

끝없는 시간 여행
영원히 오지 않는 시간 여행이다.

내생이란 방일자의 핑계여,
"내생에는 열심히 정진하여 반드시 성불할 것입니다."

옛말에 내일 보자는 사람은 별것 아니라고 하더라.

내생(來生) ___ 다음 세상, 죽은 뒤에 다시 태어날 세상으로 '내세(來世)'라고도 한다. 내생은 살아 있는 자는 갈 자격이 없다. 오직 죽은 자만이 갈 수 있는 곳. 그러나 누가 알 수 있으리오. 그곳이 이곳보다 더 좋고 편안한 곳일지?

마(魔)

너는 꽃뱀이다.
다리를 배배 꼬고 앉아 있는 꽃뱀
너는 내 마음에 초승달을 그려 놓은 꽃뱀

너는 올가미다.
애착과 집착이라는 올가미로
나의 목덜미를 물어뜯는 흰 여우.

너는 환영(幻影)이다.
너는 청사초롱 아래에 서 있는 여자
너는 백마(白馬)를 타고 있는 남자.

마(魔) ____ '악마' 혹은 '마구니[魔軍]'라고도 한다. 악마는 수행자를 유혹한다. 그러나 악마는 실존하는 것이 아니다. 그대 마음속의 사치와 허영, 갈등과 번민이 바로 악마다. 다시 말하면 모든 번민·갈등을 형상화한 것이 마(魔), 악마이다.

마(魔)는 깨달음을 가로막는 존재이다. 탐욕에 사로잡히면 탐마(貪魔), 증오에 사로잡히면 진마(瞋魔), 무지에 사로잡히면 치마(痴魔), 애욕에 얽히면 애마(愛魔), 명예에 사로잡히면 명마(名魔), 돈에 사로잡히면 돈마(錢魔)이다. 잘난 척하면 '척마'이고, 여자로 고민하면 '여마(女魔)', 남자로 고민하면 '남마(男魔)'이다. 이 '마'에서 벗어난 이를 세상 사람들은 '붓다'라고 한다.

불립문자

문자는 껍데기
선(禪)이 알맹이다.

붓다의 진수
경전 속에는 없다.
불상 속에도 없다
오직 선 속에 있다.

허튼소리 작작
부처는 어느 곳에도 있다고 하더라.

불립문자(不立文字)　——　'불립문자 교외별전(敎外別傳), 직지인심(直指人心), 견성성불'과 함께 4구로 이루어진 말. 선은 부처님께서 깨달은 진수로 '경전 외(外)에 별도로 전해 준 진리'라는 뜻.

이 말이 처음 등장하는 경전은 위경(僞經)인《대범천왕문불결의경(大梵天王問佛決疑經)》이다. 그러나 이 말은 역사적 사실은 아니다. 부처님의 정통을 이은 종파는 선종이라는 것을 확립하기 위한 아름다운 선의(善意)의 창안이라고 할 수 있다.

고행

샐러리맨의 새벽 기상
백수의 기나긴 하루
종갓집 맏며느리의 명절날이다.

방선 죽비를 기다리고 있는 신참승의 1분
열심히 작설차를 권하는 노스님의 자비심
하염없이 받아 마셔야 하는 신도들의 인내심.

고행(苦行) _____ 깨달음을 성취하기 위하여 정신적·육체적으로 감내하는 종교적 행위를 가리킨다. 단식, 금욕, 찬물 목욕, 오체투지 등 여러 가지 방법이 있다.

그러나 붓다께서는 극단적인 고행은 깨달음에 아무런 도움이 되지 못한다는 사실을 깨닫고 중도의 방법을 택했다. 그 방법으로 '바른 견해[正見]' 등 여덟 가지(팔정도)를 제시하셨다.

선(禪)

달마가 준 보물상자
선승들의 재산 목록 1호다.
깨달음을 이루는 역사적인 그날까지
애지중지 걸망 속에 간직하고 다닌다.

선(禪) ⎯⎯ 산스끄리뜨어 '드야나(dhyāna)'의 한자 표기인 선나(禪那)의 준말. 선정(禪定)이라는 말은 선(禪)과 그 뜻인 정(定, 사마디, 삼매)의 합성어. 그 의미는 '고요히 생각하다(靜慮)' 또는 '생각하는 방법으로 수행한다(思惟修)'라는 뜻이다.

오늘날 명상을 뜻하는데, 초기불교에서는 무상·무아 등을 사유했고, 대승불교에서는 공(空)·중관 등을, 그리고 간화선에서는 화두를 사유한다. 화두 삼매(몰입)를 통하여 번뇌를 퇴치·추방하는 것이다.

무상

이브 몽땅의 고엽이다.
가을 언덕에 흔들리는 억새
사랑하는 사람이 주고 간 마지막 유산이다.

불현듯 솟아난 하얀 머리카락
할미 얼굴에 핀 저승꽃
두꺼운 화장도 덮지 못하는 세월의 흔적이다.

하루살이의 절규다.
패배자, 무능력자의 한탄
어쩌다 몸보신한 노숙자의 설사다.

무상(無常) _____ 모든 것은 변하고 바뀐다는 뜻. 변하는 것은 참모습[眞相]이 아니다. 참모습이 아닌 것은 조금도 믿을 것이 못 된다. 이 세상에 변치 않는 것은 없다. 무상의 적나라한 모습은 노(老)·병(病)·사(死)다. 태어나서 늙고, 병들고, 죽는 것은 모든 존재의 정해진 법칙이다. 태어난 자는 반드시 죽게 되어 있고(生者必滅), 만난 자는 반드시 헤어지게 되어 있다(會者定離). 기왕이면 유한한 삶 속에서 무한한 가치를 발견하는 데 노력해 볼 필요가 있다. 그것이 무상 속에서 영원을 사는 방법이라고 할 수 있다.

좌탈입망

앉은 채로 죽는다.
선 채로도 죽는다.
너무너무 멋있다.
역시 오빠는 달라.

밥 먹다가도 죽는다.
걸어가다가도 죽는다.
역시 깨달은 사람은 달라.

죽음을 자유자재로 한다.
허풍, 구라 치지 말라.
구라 치면 발설지옥에 간다고 하더라.

좌탈입망(坐脫立亡) ___ 죽음에 초연한 것을 뜻한다. 그런데 이 말을 액면 그대로 받아들여 실제 '앉은 채로 죽고 선 채로 죽는다'고 해석하는 사람이 있다. 그것은 언어의 이면을 생각하지 못한 오류이다. 그런 식으로 해석하면 그는 여전히 신출내기 수행자다.

그대, 화려한 언어에 속지 말라. 인생을 망친다.

화두

초등학생의 애인 걱정
대학생의 취직, 결혼 걱정이다.

어머니의 자식 걱정
아버지의 돈벌이 걱정
맞벌이 부부의 어린아이 걱정이다.

아가씨들의 다리 걱정
아줌마들의 뱃살 걱정
남자들의 정력 걱정이다.

그리고
산사 스님들의 중생제도 걱정이다.

화두(話頭) ____ 선에서 스승(또는 조실, 방장)이 참선 수행자들에게 풀어보라고 제시하는 과제·숙제, 혹은 뚫어야 할 관문을 뜻한다. 화두 참구 방법은 사량 분별심, 언어적 논리적인 분석을 중지하고 오로지 화두에 올인(all in), 집중하는 것이다. 단순히 '무(?)' 하고 생각만 할 뿐, 절대로 학술적·지적(知的)·언어 문자적으로 분석해서는 안 된다. 이것이 화두 참구(탐구)의 포인트이다.

윤회

업장을 짊어지고
육도의 세계를 순회하는 순례자다.

삶과 죽음의 술래잡기
고독한 영혼의 끝없는 시간여행이다.

윤회(輪廻) —— 인간은 평소 자신이 지은 업에 따라 지옥·아귀·축생·천상·인간·아수라(육도)의 세계를 윤회한다고 한다. 윤회의 원동력은 업(業)이다.

윤회설은 이미 불교 이전 인도 고대 우빠니샤드 시대부터 있었다. 우빠니샤드의 철인(哲人)들은 초목이 봄에 재생하는 것처럼 육체는 죽어도 영혼은 불사의 존재로 생과 사를 반복할 것이라고 생각했다. 그들은 윤회의 주체를 아뜨만으로 상정했다. 유식학에서는 윤회의 주체를 아뢰야식으로 상정하고 있다.

업

우리들의 자화상이다.

윤회의 원동력

탄생과 죽음을 연결하는 고리다.

전생이 남기고 간 무형의 유산이며

금생에 상환해야 할 부채다.

내생, 내내생까지 전해주어야 할 자산이다.

업(業) ——— 평소 자신이 행한 선악의 모든 행위를 '업'이라고 한다. 그러므로 업 속에는 선업, 악업이 모두 포함된다. 전생에 악업을 지으면 금생에 그 과보(결과)를 받는다고 한다. 그러나 업·업장이라는 것이 어디 전생의 소치뿐이겠는가? 금생에 남을 헐뜯는다거나 모함·무고·중상모략 등도 업장을 만드는 중요한 요소다. 그러므로 부득이 경쟁은 하되 선의의 경쟁을 할 것이며, 악의의 경쟁은 하지 말아야 한다. 혼자 잘 먹고 잘 살면 죽어 극락에라도 가나?

열반송

죽음의 찬가

진리의 찬가다.

영(靈)과 육(肉)의 고별사

12월 31일의 올드 랭 사인(Auld Lang Syne)이다.

저승의 찬가다.

무욕의 환상곡

니르바나(열반)의 클래식이다.

깨달은 영혼이 부르는 장송(葬送)의 만가(輓歌)다.

열반송(涅槃頌) ─── 임종에 즈음하여 읊는 게송(=詩). 열반이란 산스끄리뜨어 '니르바나(nirvāṇa)'의 한자 표기로서 욕망과 번뇌, 괴로움이 모두 소멸된 세계를 뜻한다. 그러나 육체가 있는 한 괴로움에서 완전히 벗어날 수 없다. 육체까지 사멸해야만 완전한 열반이라는 의미에서 죽음과 동의어로 사용하게 되었다. 완전한 열반을 '반열반(般涅槃)', '무여열반(無餘涅槃)'이라고 한다. 열반송은 남송 시대부터 크게 유행했는데, 중국 선종사에서 남송 시대는 끝물이라고 할 수 있다.

삼독(2)

중생의 고유한 특성이다.
범부의 자격, 필수 요건
삼악도로 가는 확실한 길이다.

니르바나, 해탈
깨달음을 가로막는 철책
우리를 속박하는 마라(魔羅)의 올가미다.

삼독(三毒) _____ 탐(貪)·진(瞋)·치(痴) 이 세 가지를 '삼독(三毒)'이라고 한다. 인간의 본성을 망가뜨리고 니르바나와 깨달음을 가로막는 악의 삼인방이다. 탐(貪)은 욕심·욕망이고, 진(瞋)은 노여움·증오와 분노로, 그 특성은 누가 조금만 충고·비판해도 발끈한다. 치(痴)는 어리석음·무지(無知)·무명(無明)이다. 어리석고, 무지, 무식하면 깨달을 수 없다. 깨달아도 외마디 법문만 하는 반 벙어리가 된다.

불이법문

우리는 하나(不二)다.
우리 사이엔 0.01mm의 틈도 없다.
우리는 무아, 완전한 공(空)을 이루었다.

우리는 하나(不二)다.
우린 죽을 때까지
내생, 내내생까지 살 거다!

불이(不二), 불이법문(不二法門) ＿＿＿ 《유마경》에 있는 말. '둘이 아님' 즉 '하나(一)'를 뜻한다. 모든 고뇌, 번뇌는 항상 '둘(二)', 분별, 차별로부터 발생한다. 부부 간의 싸움, 지역, 계층 간의 분쟁, 국가 간의 분쟁, 의견의 상충도 이해타산이 다르기 때문에 발생한다. 만일 의견이나 생각, 또는 이해타산이 같다면 분쟁이 없을 것이다. 《유마경》에서 말하는 불도 수행의 가장 큰 과제는 차별 의식, 분별 의식을 넘어 하나(一)가 되는 것이다. 공, 중도와 같은 말이기도 하다.

불법

절대적 가치의 법이다.
지구상에서는 볼 수 없는 법
초세간·초사회적인 법(진리)이다.

고따마 붓다가 발견한 진리다.
미혹의 세계를 벗어나는 법
무상 속에서 영원을 사는 법이다.

불법(佛法) _____ 부처님께서 깨달은 진리, 또는 가르침을 '불법'이라고 한다. '법(法)'의 원어 '담마(法, Dhamma)' '다르마(Dharma)'는 헌법을 뜻하는 것이 아니라 '법칙', '진리'를 뜻한다. '진리'란 '불변의 이치'를 뜻한다. 불교의 가르침을 한 줄로 정의하면 고통에서 벗어남(해탈)과 마음의 평온(열반, 번뇌 없음)이다. 많은 경전들도 모두 이것을 일깨워주기 위한 부단한 작업이라고 할 수 있다.

일체개공

모두 다 '꽝'이다!

고급 승용차를 타고 다녀서
돈 좀 있는 줄 알았지.
알고 보니 꽝!
렌트카였다.

큰소리를 치길래
뭐가 좀 있는 줄 알았지.
알고 보니 꽝!
빈털터리였다.

일체개공(一切皆空) _____ 모든 존재는 다 실체가 없는 공한 존재라는 뜻. 공(空)은 '알맹이가 없다', '텅 비어 있다', '실체가 없다'는 뜻이다. 마치 축구공처럼 외형, 껍데기만 있을 뿐, 실체가 없음을 말한다. 이것을 '무자성(無自性, 자성이 없음)', '공(空)'이라고 한다. 일체는 공이므로 집착하지 말라는 뜻이고, 집착은 곧 괴로움을 낳기 때문이다.

무자화두

개에게는 불성이 없다.
개에게는 불성이 있다.
있다. 없다. 있다. 없다.

싸움질 좀 그만해라.
있으면 어쩔 것이고 없으면 어쩔래.

궁금하다면 개 뱃속에 들어가 보는 거다.
60일 후 개새끼가 되어 나온다.
'있다', '없다'는 분별심 때문이다.

무자화두(無字話頭) _____ 구자무불성(狗子無佛性, 개에게는 불성이 없다)에서 줄인 말.

어느 날 한 참선자가 조주 선사를 찾아가서 여쭈었다. "선사님, 개에게도 부처가 될 성품(불성)이 있습니까?", "개에게는 없다(無).", "아니, 선사님, 일체중생은 모두 다 불성을 갖고 있다고 했는데, 어째서 개에게는 없다는 것입니까?" 조주 선사가 말했다. "업식성(業識性)을 버리지 못했기 때문이니라."

업식성이란 중생심, 분별심이다. 이 선문답에서 탄생한 화두가 그 유명한 '무자화두'이다.

삼세

과거는 흘러갔다.
후회하지 말지어다.

현재는 중요한 시간이다.
열심히 정진, 노력하여라.

미래는 두고 보자.

삼세(三世) _____ 과거, 현재, 미래. 또는 전생, 금생, 내생. 과거에 너무 젖지 말라. 과거에 너무 젖으면 회한(悔恨)과 우울증에 걸린다. 현재가 중요하지만, 미래도 볼 줄 알아야 한다. 미래를 볼 줄 모르면 다급한 일을 만나게 된다. 그러나 너무 걱정하면 불안 증세로 삶의 질이 나빠진다. 이성적으로 자신의 생각을 적절하게 통제하는 것이 현명한 삶이라고 할 수 있다.

윤회

노선버스의 하루
이제는 벗어나고파.

가정주부의 하루
이제는 탈출하고파.

샐러리맨의 하루
정말 사표 쓰고파.

윤회설 —— 인간은 사후 자신이 지은 선악의 업에 따라 지옥·아귀·축생·아수라·인간·천상의 육도(六道, 여섯 곳의 세계)를 유전(流轉)한다는 것. 윤회설과 업설은 이미 불교 이전 힌두교의 성전인 우빠니샤드에도 나온다.

어찌되었든 기왕 사람으로 태어났다면, 악을 행하지 말고 선을 행해야 한다. 그것이 지적(知的) 특성을 가진 인간의 도리이다. 업, 윤회 사상은 중국 등 아시아인들에게 많은 영향을 미쳤다. 《싯다르타》, 《데미안》 등을 저술한 헤르만 헤세를 비롯하여 서구의 작가들에게도 많은 영향을 미쳤다고 한다.

돈오

어느 날 갑자기
머리를 관통하는 굉음
화두가 터지는 소리다.

관념의 벽이 무너지는 소리
깨달음으로 비약하는 소리
9회 말 각(覺)의 만루 홈런이다.

돈오(頓悟) ____ 한순간에 깨닫는 것을 말한다. 돈오는 인식의 순간적 전환을 뜻한다. 중생의 마음에서 부처의 마음으로 전환하는 것이 바로 돈오다. 이것을 번갯불이 번쩍한다고 표현하는데, 인식이 전환되는 순간에 그런 느낌을 받는다는 것이지, 실제로 번갯불이 번쩍하는 것으로 착각하면 안 된다.

보살

사랑하는 마음,
자비심이 너무 과도해서
통제 불능 상태에 있는 분들이다.

따뜻한 가슴
포근한 가슴
호수같이 잔잔하고
바다같이 드넓은 마음이다.

중생을 위하여
종일 걱정하시는 분들
고뇌를 어루만져 주는 극락의 천사다.

보살(菩薩) ＿＿ 보리살타(菩提薩埵)의 준말로 산스끄리뜨어로는 보디 사뜨와(bodhi sattva)라고 한다. 깨달음을 뜻하는 '보디(bodhi)'와 중생을 뜻하는 '사뜨와(sattva)'의 합성어. 깨달음을 이루었으나 아직 부처님과 같은 경지에는 도달하지 못한 구도자를 가리킨다.

특이하게도 우리나라에서는 여성 불자들을 '보살'이라고 부른다. 그 이유는 분명치 않다. 보살계를 받았기 때문이라는 설도 있고, 보살상이 자비스러운 여성상이므로 보살로 부르게 되었다는 설도 있다. 또 재물을 많이 보시하기 때문에 '보살 같은 분'이라고 덕담을 하기 시작한 것이 정착하게 되었다는 설도 있다.

미륵불

56억 7천만 년 후에
우리 곁에 오실 부처님
미래불, 장래불(將來佛)이다.

억겁의 세월
천지개벽 후
뭇 중생들을 제도할 차세대 부처님이다.

미륵불(彌勒佛) ____ 미래불로서 56억 7천만 년 후에 이 세상에 출현하여 중생을 교화할 부처님이다. 지금은 도솔천에서 만반의 준비를 하고 때를 기다리고 계신다. 장래 미륵불이 출현하여 교화할 세상은 대단히 살기 좋은 세상이라고 하며 근심·걱정·슬픔 등은 원초적으로 없고 즐거움만 있다고 한다. 그 세계를 용화세계라고 한다. 유토피아적인 세계라고 할 수 있다.

삼악도

지옥, 아귀, 축생
영원히 이별하고 싶은 곳
미련 없이 떠나고 싶은 곳이다.

은하계 최악의 곳이다.

그대의 욕망은 지옥
그대의 욕심은 아귀
그대의 어리석음은 축생.

삼악도(三惡道) ____ 지옥, 아귀, 축생을 말한다. 이 가운데서도 최악의 곳이 지옥이다. 무간지옥(無間地獄)이라고 하는 곳은 갖가지 육체적 고문을 가해서 하루종일 뺑뺑이를 돌린다고 한다. 또 아귀는 아무리 먹어도 배고픔에서 벗어나지 못한다고 한다. 그래서 항상 배가 고파서 울부짖는다고 한다. 아비규환(阿鼻叫喚)이라는 말은 여기서 나온 말이다. 축생은 약육강식의 세계, 무법천지의 세계다. 이들에 비하면 인간세계는 더러는 낙도 있고, 마음 먹기에 따라서는 그런대로 살 만한 곳이다. 그러나 모두들 자신은 불우하고, 불행하다고 여긴다. 욕망 때문이 아닐까?

만다라

깨달음의 세계
붓다의 세계를
한 장의 화폭에 그린 입체 예술.

화엄의 세계
진리의 세계를
한눈에 담은 종합 예술이다.

만다라(maṇḍala, 曼茶羅) ___ 티베트 불교의 세계, 밀교적 깨달음의 세계를 한 장의 그림 속에 도형화한 것을 만다라라고 한다. 'manda(만다)'는 진리의 핵심·본질·정수를 뜻하며, 'la(라)'는 소유(所有)를 뜻하는 접미사라고 한다. 즉 진리의 정수·핵심·본질을 담고 있다는 뜻. 또는 얻는다는 의미. 진언밀교에서는 내재적이고 초월적이며 절대자인 법신 대일여래의 경지를 만다라로 나타낸 것이라고 한다.

보시

아낌없는 증여
대가 없는 희사
무상증자(無償增資)다.

무소유
무주상 보시
공(空)의 현실화 작업이다.

보시(布施) _____ 육바라밀의 하나로 대승불교도의 수행, 실천덕목의 하나다. 보시는 아름다운 행위이다. 금강경에서는 무주상보시(無住相布施)를 강조한다. 보시했지만 보시했다는 의식(意識=住相)이 조금도 없는 것, 즉 공의 관점에서 보시하는 것을 말한다. 남을 도와주고 나서 도와주었다는 생각, 의식을 갖고 있다면 그것은 순수한 보시가 아니다. 그것은 대가를 바라는 치사한 보시라고 할 수 있다.

지옥

지하 감옥이다.
수백만 킬로 암흑을 지나
갖가지 고문이 대기하고 있는 곳이다.

확탕지옥, 발설지옥,
무간지옥, 독사지옥, 아귀지옥
극심한 고문이 자행되는 곳이다.

지옥(地獄) —— 지하 감옥. 산스끄리뜨어로는 '나라까(naraka)'라고 하고, 한문으로는 '나락(奈落, 那落)'이라고 표기한다. '깊은 낭떠러지', '지하'라는 뜻이다. 고통이 가장 심한 곳은 1) 무간지옥(無間地獄): 고문이 잠시도 쉬지 않는 지옥. 2) 확탕지옥: 펄펄 끓는 가마솥에 넣기를 반복하는 지옥. 3) 발설지옥: 혀를 뽑아버리는 지옥. 4) 독사 지옥: 독사가 우글대는 지옥. 그런데 천만 다행인 것은 고통만 극심할 뿐 절대 죽지는 않는다는 것이다.

일체유심조

모든 것은 마음먹기에 달렸다.
극락과 지옥, 기쁨과 슬픔
행복과 불행, 얼짱과 몸짱도
모두 그대 마음의 피조물이다.

그대 마음은 조물주다.
그대의 생각도 눈앞의 현상세계도
모두 그대 의식의 환영(幻影)이다.
일체는 그대 마음먹기 나름이다.

일체유심조(一切唯心造) ____ 모든 것은 마음이 만든 것이라는 뜻. 행복과 불행, 기쁨과 슬픔, 괴로움과 고통도 실재하는 것이 아니고, 자신의 마음이 만들어 낸 것, 즉 피조물에 지나지 않는다는 것이다. 유식, 화엄 사상의 마음 치료법이라고 할 수 있는데, 그 대표적인 말이 심여화사(心如畵師)이다. 마음은 그림을 그리는 화가와 같아서 삼라만상을 마음대로 그린다는 뜻이다.

찰나

75분의 1초다.
지극히 짧은 순간
눈 깜짝 하는 사이이다

남(男)과 여(女)의 짧은 행복
무상, 덧없는 인생 85년이다.

찰나(刹那) ____ 고대 인도의 시간 단위로, 오늘날 시간 개념으로는 75분의 1초라고 한다. 지극히 짧은 순간으로 맑은 날 카메라의 셔터 소리가 125분의 1초라고 생각하면 비교가 될 것이다. 삶, 인생은 찰나, 순간에 지나지 않는다는 뜻이다. 그러나 우리는 찰나를 영원처럼 살아야 한다. 한 시간은 놀아도 좋고, 하루를 놀아도 좋다. 그러나 한 달은 낭비하지 말아야 한다. 찰나가 모이면 영원이 되기 때문이다.

오온개공

인간은 공(空)이다.

색·수·상·행·식
인간이라고 하는 존재를
다섯 가지 요소로 해부한 것이다.

오온이
합하면 생(生), 흩어지면 사(死)
생과 사란 오온의 이합집산 놀이다.

오온개공(五蘊皆空)   ____ 반야심경의 대표하는 핵심적인 문구. 오온(五蘊)은 인간을 구성하고 있는 다섯 가지 요소, 즉 색·수·상·행·식 다섯 가지를 가리킨다. 그리고 개공(皆空)은 '(오온은) 모두 공하다.'는 뜻이다. 즉 항구적인 실체나 영원성을 담보하고 있는 불변의 실체는 없다는 뜻이다.

인간은 크게는 육체[色]와 정신[受·想·行·識] 두 개의 축으로 구성되어 있다. 색(色)은 육체를 말하고, 수·상·행·식 네 가지는 정신 부분이다. 수(受)는 받아들인다는 뜻으로 감각 기능을 말하고, 상(想)은 사유·생각 기능, 행(行)은 의지·의욕 기능, 식(識)은 분별력·식별력·판단력 기능. 오온은 인간에 대한 불교적 별칭이라고 할 수 있다. 결론적으로 '인간은 공이라는 뜻이다.

생로병사

생(生)
로(老)
병(病)
사(死)

삶, 인생의 네 단계
죽음이란 삼천대천세계의 하나가 되는 것이다.

생로병사(生老病死) _____ 인생의 4단계이다. 인생은 태어나면(生) 노화의 과정을 거쳐서(老), 죽음(死)을 맞이한다. 죽을 땐 병에 걸려 죽는다. 인생은 이와 같은 유한한 존재다. 고따마 붓다는 이것을 '무상(無常)'이라는 말로 표현했다.

붓다는 '무상성(無常性)'에서 벗어나는 방법으로 '사성제'와 '팔정도'를 제시했다. 그렇다고 죽지 않는다는 말은 아니다. 죽음의 두려움에서 초월할 수 있다는 것이다. 죽음이란 삼천대천세계의 하나로 돌아가는 것, 미립자가 되어 우주 공간 어디에 있다고 생각하면 덜 허망할 것이다.

법신불

부처의 알맹이다.
모든 부처의 어머니이고
제불 여래의 근원, 본질이다.

온 누리에 가득한 부처
진리불(眞理佛), 무형의 부처
불멸(不滅)의 부처, 시공을 초월한 부처다.

법신불(法身佛) _____ 법신불이란 진리[法]가 핵심[身]인 부처, 곧 진리불(眞理佛)을 가리킨다. 법신이라는 말은 대승경전인 《법화경》〈여래수량품〉에 처음 나온다. 그 내용은 여래의 수명(壽命)은 무한하다는 것, 죽음을 초월했다는 것. 이 사상은 대승 《열반경》에 이르러 '법신상주설(法身常住說)'로 발전했다.

화신불인 석가모니불, 즉 고따마 붓다는 사바세계와 인연이 종료되어 육체적 입멸(죽음)을 맞이 했지만, 그 모체인 법신은 불사(不死)로 영원불멸(永遠不滅)이라는 것이다. 시간과 공간을 초월하여 어디에든 계신다는 처처불(處處佛) 개념은 바로 이 법신상주설에 바탕한 것이다.

법성

불교적 진리의 대명사다.
모든 존재의 보편적 속성
삼라만상의 고유한 모습이다

깨달음의 무형적인 실체다.
진실하여 변치 않는 만물의 근원이고
불생(不生), 불사(不死), 불멸(不滅)의 존재다.

법성(法性) —— 대승불교의 진리를 표현한 용어 가운데 하나. 법성이란 모든 존재와 일체 현상, 사물의 본성으로, 어떤 실체성을 갖고 있는 존재는 아니다. 무형의 존재, 철학적 존재, 쉽사리 포착되지도 않고 단정적으로 무어라고 표현할 수 없기 때문에 '부사의', '불가사의(不可思議)'라고 한다. 이 법성에 대하여 운문체로 표현한 글이 의상 조사의 법성게(法性偈)이다.

선문답

간첩끼리 주고받는 암호
선의 수수께끼
선승들이 주고받는 깨달음의 대화다.

산은 산, 물은 물
산이 물 위로 간다.
석녀(石女)가 아이를 낳다.
역설적·비약적·초논리적 대화다.

동문서답
공(空)과 무(無)의 대화다.

선문답(禪問答) ____ 선불교. 선의 문답, 또는 선승들이 주고받는 문답 형식의 대화로, '법거량'이라고도 한다. 선문답은 탈상식·초논리의 대화이다. 상식적·논리적인 언어로는 고정관념에 속박되어 있는 마음의 벽을 뚫을 수가 없다. 역설적·비약적인 방식, 핵탄두 같은 언어라야 관념의 벽을 뚫을 수가 있다.

걸망

고행이 층층으로 쌓여 있는 보따리.

걸망(乞網) ——— 걸망은 수행자가 필수 휴대품을 넣어 가지고 다니는 일종의 배낭(背囊) 같은 것을 말한다. 초기불교에서 수행자의 필수품은 '비구 육물(比丘六物)'이라고 하여 세 종류의 가사와 발우 한 벌(이것을 三衣一鉢이라고 함), 니사단(尼師壇, 즉 坐具, 방석), 물 거르는 주머니인 녹수낭(漉水囊), 이상 여섯 가지였다. 후대 대승불교 시대에 와서는 비구십팔물(比丘十八物), 두타십팔물(頭陀十八物)이라고 하여, ①삼의(三衣, 가사 3벌), ②발우, ③좌구(坐具, 방석), ④녹수낭(漉水囊, 물 거르는 주머니), ⑤주장자, ⑥조두(澡豆, 비누, 세정제), ⑦양지(楊枝, 버드나무로 만든 칫솔. 齒木이라고도 함), ⑧정병(淨瓶, 물병), ⑨향로(香爐), ⑩수건(手巾, 땀 닦는 수건), ⑪도자(刀子, 머리 깎는 삭도), ⑫화수(火燧, 불을 피우는 부싯돌. 오늘날의 성냥), ⑬섭자(鑷子, 코털을 뽑는 작은 집게. 오늘날의 족집게), ⑭승상(繩床, 앉거나 누울 때 사용하는 노끈으로 만든 의자), ⑮경전, ⑯율(律, 계본), ⑰불상, ⑱보살상. 중국에 와서는 도첩, 계첩, 면정유(부역 면재증) 등 증명서를 넣는 사부통(祠部筒), 삿갓(모자) 등이 추가, 또는 부분적으로 풍토에 맞게 대체되었다.

사바세계

속세
인간세계다.
희로애락이 공존하는 곳
삼라만상이 적나라한 곳이다.

바보들의 세계
중생의 세계
우리가 살아가고 있는 이 세계다.

사바세계(娑婆世界) _____ 중생, 우리 인간이 살아가고 있는 이 세계, 이 세상을 말한다. 물론 이 속에는 200여 개 글로벌 국가가 모두 포함되어 있다. 사바(娑婆)는 산스끄리뜨어 'Sabha'의 음역(音譯)이다. 음역이란 한자로 범어 발음을 표기하는 것을 말한다.

사바세계 중생들의 특징은 번뇌가 많다. 체질적으로 번뇌를 많이 만들어 낸다. 그러나 그것이 번뇌라고 생각하지 않고 '똑똑한 것'이라고 생각한다. 사바세계를 예토(穢土, 번뇌로 오염된 땅)라고 하는데 그 반대어가 정토(淨土, 깨끗한 땅), 즉 불국토이다.

불성

부처의 씨앗이다.
부처가 될 수 있는
자질, 바탕, 속성, 자격이다.

깨달음, 보리를 이룰 수 있는
원초적인 가능성이다.

불성(佛性) ——— 여래장(如來藏)과 동의어. 누구나 깨달을 수 있는 가능성, 누구나 깨달아 부처가 될 수 있는 자질, 바탕, 속성, 또는 깨달을(성불) 수 있는 잠재적 성질을 말한다.

《육조단경》에서는 불성상청정(佛性常淸淨)이라고 하여 번뇌가 없는 깨끗한 상태, '청정(淸淨)'이 곧 불성이라고 했다. 번뇌에 둘러싸여 있는 우리 인간도 그 본질, 바탕은 부처와 동질이다.

대승경전인 《열반경》에는 일체중생은 누구나 부처(깨달을 수)가 될 수 있다고 했다. 그러나 정진 수행하지 않으면 무소용. 수행이란 그 가능성을 개발·완성하는 과정이라고 할 수 있다. 노력하지 않는 자는 그 무엇도 성공할 수 없다.

제법실상

모든 사물의 진실상이다.

모든 존재의 참모습

가감 첨삭 없는
타고 난 그대로의 모습이다.

제법실상(諸法實相) _____ 법화경의 언어. 제법은 모든 존재를 뜻하고, 실상은 실제적인 모습을 가리킨다. 모든 존재의 진실상, 또는 만법의 참된 모습이라고 할 수 있는데, 현상 전체를 가리킨다.

근현대의 선승 성철 스님께서는 중국 송나라 때 선승 청원 유신(靑原惟信) 선사의 법어를 인용하여 "산은 산이요, 물은 물이다(山是山 水是水)."라고 하셨다. 현상 그대로가 진리의 현현(顯現)이라는 뜻이다. 삼라만상에 대한 대승불교적 관점이라고 할 수 있다.

화신불

변신불(變身佛)이다.

변화불(變化佛)이다.

분신불(分身佛), 카피(copy)불이다.

아바타

리프린트[reprint] 부처님

복사불(複寫佛), 분화불(分化佛)이다.

화신불(化身佛) _____ 부처님의 세 가지 몸인 삼신(三身, 법신·보신·화신) 가운데 하나. 중생 구제, 교화를 위하여 본체인 법신으로부터 분화·분신(分身)한 부처님을 말한다. 삼신불 사상은 대승불교 이후에 성립된 사상으로 다양한 중생들을 교화하기 위하여 설정되었다. 이해를 돕기 위하여 비유한다면 법신은 원본이고, 보신(報身, 보신불)은 복사기(複寫機)라고 할 수 있고, 화신불은 시대적 필요성에 의하여 수천만 장으로 복사된 부처님이라고 할 수 있다.

견성성불

그대 마음을 보라.
그대는 부처인가? 중생인가?
그대의 본질은 깨달은 부처다.

그대 마음을 보라.
그대는 번뇌 속에 있는가?
그대는 보리(菩提) 속에 있는가?

견성성불(見性成佛) _____ 자신의 본성이 본래 부처라는 사실을 확인하여 '깨달음을 이룬다'라는 뜻이다. 《육조단경》에서는 청정심(清淨心), 즉 번뇌에 오염되지 않은 마음, 때 묻지 않은 마음이 곧 '불성(佛性)'이라고 하였다. 반대로 중생심이란 번뇌로 가득 찬 것을 가리킨다. 번뇌의 %가 높으면 중생으로 가는 길이고, 반대로 낮으면 부처로 가는 길이다. 번뇌와 청정이 50:50이면 중생과 부처 사이이다.

여래

그대가 진리다.
그대가 부처다.
그대가 진짜다.

여래(如来) _____ '진리의 체현자'로서 시공간을 아우르는 형이상학적 호칭. '부처'와 같은 의미로 대승불교 시대에 형성된 용어. 산스끄리뜨어로는 '타타가타', '타타아가타(tathāgata)'인데, 중국 위진남북조 시대, 한당(漢唐)의 역경승(譯經僧)들은 심사숙고 끝에 '여여(如如, 진리 그대로)'라고 표현했다.

그러나 여여(如如)는 불완전 명사이다. '여여(如如)'를 우리말로 풀이하면 '있는 그대로', '본래 그대로'인데, 이 역시 불완전 명사로 많은 설명을 덧붙여야만 한다. 이칭은 진여(眞如, 참으로 진리와 같다)인데, 좀 더 이해에 도움을 준다.

대승불교 시대에는 부처의 이칭으로 '여래'라는 말을 많이 사용했다. 사바세계와 인연이 다하여 부득이 열반·입멸하지 않을 수 없었던 '시간적 부처'에서 보다 영원성을 확보하고 있는 공간적 부처, 철학적 부처로 이동했다고 할 수 있다.

금강경

공(空)
일체 현상은 몽환이다.
물거품, 봄날 아지랑이다.

수보리여,
유형의 모든 것은 진실한 것이 아니다.
그것을 안다면 그대는 부처를 만나리라.
공(空).

금강경(金剛經) _____ 대승불교 초기에 형성된 경전으로 공(空)을 설하고 있는 경전이다. 일체는 공이므로 금강석과 같은 지혜로 현상이 모두 공한 존재임을 직시한다면 곧 깨달은 대승의 부처가 될 것이라는 뜻이다.

금강과 같은 지혜란, 모든 현상, 모든 유형적인 것은 공이며, 진실상이 아니라는 뜻이다. 그 지혜를 반야지혜라고 한다.

대웅전

부처님께서 거주하시는 방이다.
무더운 여름에도 선풍기만 하나만 갖고 사신다.
추운 겨울에도 난로 하나만 갖고 사신다.

부처님은 추위도 더위도 모르신다.
삼매 속에는 추위도, 더위도,
폭우도, 폭설도 접근할 수 없기 때문이다.

대웅전
미망 속을 윤회하는 불쌍한 영혼들이
구제받기 위하여 모여 있는 '영혼 휴게실'이다.

대웅전(大雄殿) ____ 대웅보전(大雄寶殿). 부처님을 모신 곳. 위대한 영웅을 모신 전각(殿閣)이라는 뜻이다.

팔정도

올바른 삶을 살아가는 길
훌륭한 인격을 완성하는 실천 덕목이다.

니르바나의 세계
깨달음의 세계로 가는
여덟 가지 특수 비법(秘法)이다.

인격 완성의 길
붓다, 여래가 되는 이상적인 길이다.

팔정도(八正道)·팔성도(八聖道) ____ '8가지 올바른 길', 또는 '8가지 성스러운(확실한) 길'이라는 뜻. 붓다의 중요한 가르침 가운데 하나. 곧 바른 견해(正見), 바른 생각(正思惟), 바른 말·정직한 말(正語), 바른 행위·행동· 바른 몸가짐(正業), 바른 직업·바른 생활수단(正命), 바른 노력(正精進), 바른 알아차림(正念), 바른 선정·삼매(正定). 팔정도는 니르바나에 이르는 길일 뿐만이 아니라 사회적으로도 훌륭한 인격을 완성하는 방법이다.

말씨만 바른 말씨를 써도 그의 인격은 훌륭해진다. 여기에 생각과 행동이 반듯하고 정견까지 갖춘다면 그는 한 집단의 표준이 된다.

마음(2)

바람 같은 존재다.
그 어디에도 정착하지 못하는 떠돌이
잠시도 안주하지 못하는 변덕스런 존재다.

마음
선과 악, 정토와 지옥
부처와 중생이 공존하는 무형의 정원이다.

마음 ____ 우리의 마음속엔 두 가지가 공존하고 있다. 선과 악, 부처와 중생, 보리와 번뇌, 이성과 감성, 정(正)과 사(邪), 순수와 비순수이다. 보리심이 강하면 부처가 되고, 욕망이 강하면 중생이 된다. 그러므로 어느 쪽에 마음을 두느냐에 따라 인생은 결정 난다. 선택은 각자. 인도의 고승 아쉬바고샤(마명)는 《대승기신론》에서 마음에는 성(聖, 진여문, 부처)과 속(俗, 생멸문, 중생)의 두 가지 문이 있다고 했다. 수행이란 생멸문에서 진여문으로 가는 과정이다.

다비(茶毘)

번뇌 망상
분노와 욕망이 전소되는 순간
에고·아상·아만을 불사르는 순간이다.

집착을 끊는 순간
탐욕과 증오·어리석음
공의 세계를 이루는 순간이다.

가장 성스러운 사멸(死滅)의 축제다.

다비(茶毘) ＿＿＿ '태우다', '연소시키다'라는 뜻으로 화장(火葬)을 가리킨다. 다비는 불교식 장례법인 동시에 인도의 일반적인 장례법이기도 하다.

인도 사람들은 죽을 때가 되면 갠지스강으로 모여든다고 한다. 유골이 갠지스강에 뿌려지는 것을 가장 행복하게 여긴다고 한다. 유골이 갠지스강에 뿌려지면 천상에 다시 태어난다고 믿기 때문이라고 한다. 사실 여부는 알 길이 없지만 그 마음은 매우 숭고하다. 불교에서 다비는 번뇌망상을 태우는 데 의미가 있다.

오매일여

오로지
그 남자만 그 여자만 생각한다.

자나 깨나
그 남자만 그 여자만 생각한다.

올인(all in),
몰입이다.

오매일여(寤寐一如) ____ 오매일여 해석의 포인트는 '일여(一如)'에 있다. 일여를 우리말로 풀이하면 '한결같음', '오로지'이고, 영어로는 '올인(all in)'이다. 곧 '몰입', '집중', '삼매'이며, 선에서는 화두 삼매를 뜻한다. 딴생각 하지 말고 오직 한결같이 화두를 참구하라는 뜻이다. 그래야 만 깨닫게 되기 때문인데, 간혹 실제로 깊은 숙면 속에서 도, 꿈속에서도 화두를 들어야만 깨닫게 된다고 해석하 는 이들이 있다. 오류, 과잉 해석이다.

깨달음

병아리 세상 구경이다.
벽지 촌놈의 서울 나들이
팔순 노인의 인터넷 채팅이다.

불교 수행자들이
목숨을 걸고 탐구하는 영원한 테마다.

깨달음(覺) ____ '깨달음'은 여러 종교 중에서도 불교에만 있는 특별한 것이다. 그렇다면 무엇을 깨닫는 것인가? 초기불교의 깨달음은 사성제(四聖諦), 제행무상(諸行無常), 제법무아(諸法無我), 일체개고(一切皆苦), 열반적정(涅槃寂靜), 연기법, 중도 등을 깨닫는 것이고, 대승불교, 중국 선종의 깨달음은 공(空), 중도, 무(無), 무집착 등을 깨닫는 것이다. 혹 깨달으면 뭔가 신통술 같은 것이 생길 것이라고 기대한다면 그것은 일생일대의 커다란 착각이고 오판이다.

간화선

화두와 한판 씨름이다.
'무', '간시궐'
'정전백수자', '마삼근'.

일생일대의 승부다.
이기는 자는 부처로 승진하고
지는 자는 중생으로 좌천한다.

간화선(看話禪) _____ 화두를 사용하여 깨달음(진리)에 이르는 선수행법을 '간화선'이라고 한다. '간(看)'은 '집중', '주시'를 뜻하고, '화(話)'는 화두(話頭)를 가리킨다. 간화선은 12세기 송대의 선승 대혜종고(大慧宗杲, 1089~1163) 선사에 의해 구체적으로 성립되었다.

화두를 참구하는 방법은 '무', '간시궐' 등 화두 삼매(집중, 몰입, 올인)를 통하여 번뇌 망상을 극복하는 데 있다. 참구 방법은 첫째 집중할 것(삼매), 둘째 사량분별심(알음알이)을 가지지 말 것, 셋째 문제의식을 가질 것(의문 부호?) 등이다.

극락

너무너무 좋은 곳이다.
근심, 걱정이 없는 곳
행복이 춤을 추는 곳이다.

슬픔과 괴로움이 없는 곳
오로지 낙(樂), 즐거움만 있는 곳
지상의 천국, 샹그릴라다.

극락세계(極樂世界) _____ 오로지(極) 즐거움만(樂) 있고, 고통·슬픔·괴로움·근심·걱정 등은 조금도 없는 곳이다. 원하는 것은 무엇이든지 이루어지는 지상 낙원이라고 보면 된다. 다른 말로는 정토(淨土, 깨끗한 나라), 불국토(佛國土, 부처님 나라), 안락국(安樂國, 안락한 나라)이라고도 한다. 그런데 극락세계의 특징은 온통 남성만 있고, 여성은 없다고 한다. 양자 모두 불만일 수도 있을 것이다.

끽다거

선

수행

깨달음

차나 한잔 마시게.

끽다거(喫茶去)　——　'차 한잔 마시라'는 뜻. 거(去)는 '○○하라'는 뜻의 어조사. 조주 선사는 수행승이 찾아오면 언제나 이렇게 물었다. "혹 여기 와 본 적이 있소?", "없는데요.", "아, 그래요. 그러면 차 한잔 마시게." 또 한 수행승이 찾아왔다. "혹 여기 와 본 적이 있소?" "네, 전에 한번 와 본 적이 있습니다.", "아 그래요, 그러면 차 한잔 마시게." 그러자 원주가 "선사님, 온 적이 없다 해도, 있다 해도 끽다거라고 하시니 왜 그러십니까?"라고 여쭈었다. 조주 선사는 "그대도 차 한잔 하시게."라고 하였다.

도대체 조주 선사의 '끽다거'는 무슨 뜻일까? 수행승이 천리를 마다하고 찾아왔을 때는 나름대로 묻고 싶은 말이 있었다. "어떻게 해야 깨달을 수 있습니까?", "무엇이 부처=진리입니까?"였다. 조주 선사의 차 한잔은 부처란 찾아다녀서 되는 것이 아니므로 쓸데없는 짓 그만하라는 뜻이다. 또 일상이 곧 선[日常卽禪]임을 뜻하기도 한다. 중국엔 다반사(茶飯事)라는 말이 있는데, 곧 일상을 뜻한다. 일상 외에 별도로 선이 있는 것이 아니라는 뜻.

피안

미혹의 강 너머 저쪽
니르바나(열반)의 세계
그곳은 시간이 정지된 곳이다.

생(生)과 사(死)
죽음이 정지된 곳이다.

피안(彼岸) ____ '저쪽(彼) 강 언덕(岸)'이라는 뜻으로, 깨달음, 니르바나, 해탈의 세계를 가리킨다. 반대로 차안 (此岸)은 '이쪽 언덕'으로 사바세계를 가리킨다. 도피안(到 彼岸)은 '바라밀다(波羅蜜多, pāramitā)'로 '피안에 이르다' 라는 뜻이다.

우리는 현실의 삶이 고달프면 유토피아, 이상세계, 피안 을 그리워한다. 그곳엔 괴로움 등이 없을 것이라고 생각 되기 때문이다. 그러나 행복과 불행은 우리 마음 속에 있다. 현실을 부정적으로 보면 행복할 날이 없다.

즉심시불

그대의 마음이 곧 부처다.

그러나 그대는 모른다.

발밑을 보지 못하기 때문이다.

즉심시불(卽心是佛) ____ 즉심즉불(卽心卽佛), 시심시불(是心是佛)과 동의어. '그대의 마음이 곧 부처'라는 뜻. 그대의 마음이 곧 부처이므로, 그 마음을 깨달으라는 뜻이다.

그런데 마음의 어떤 부분, 어떤 점을 깨달으라는 것일까? 혹 인체 가운데 마음은 어디쯤 있는지? 마음은 어떻게 생겼는지? 등등 그런 것이 아니고, 그대의 본래 청정한 마음(불성)을 복원하라는 말이다.

사성제

고·집·멸·도

삶
인생에 대한 깊은 통찰이다.

붓다가 발견한 네 가지 불변의 진리다.

사성제(四聖諦) _____ 사제(四諦, 苦集滅道). 불교의 근본 교리를 나타내는 말. '고(苦)'는 생로병사의 괴로움이고, '집(集)'은 괴로움의 원인인 애착·욕망을 가리키고, '멸(滅)'은 괴로움에서 벗어난 열반의 세계를 뜻하고, '도(道)'는 열반에 이르는 길인 팔정도(八正道, 8가지 바른길) 수행을 뜻한다. 팔정도는 정견(正見), 정사(正思), 정어(正語), 정업(正業), 정명(正命), 정정진(正精進), 정념(正念), 정정(正定). 사성제는 괴로움에 대한 고찰에서 출발하여 괴로움이 사라진 니르바나를 실현하는 것에서 끝을 맺는다.

알음알이

잔머리 좀 그만 굴려라.

쓸데없는 수작질 하지 말아라.

잔꾀, 눈알 굴리지 말아라.

알음알이 ——— '알음알음'과 같은 말. '약삭빠른 수단', 흔히 '잔꾀', '잔머리' 등을 뜻한다. 즉 선에서 말하는 사량 분별심을 가리키며, 한자로는 '지해(知解)'라고 한다. 좋게 말하면 분석력이고 나쁘게 말하면 이리저리 잔머리 굴리는 것을 말한다. 요즘 사람들은 하나같이 이 병에 걸려 있다. 머리로 하는 것은 선학(禪學)이고, 삶으로 하는 것은 선이다.

조사서래의

보리달마는
무엇 때문에 중국에 온 것일까?

그가 배낭 속에
넣어 가지고 온 것은 무엇일까?

선(禪).

조사서래의(祖師西來意) ____ '선의 초조인 달마 조사가 서쪽(남인도)에서 중국으로 온 뜻은 무엇이냐?'고 묻는 말. 선(禪)에서 사용하는 관용구로 선의 핵심, 선의 진리는 무엇이냐는 뜻. 이후 이 말은 제자가 스승에게 '불법(佛法)의 핵심'을 묻는 하나의 정형구가 되었다.

달마선의 핵심은 안심(安心)법문이다. 즉 외식제연(外息諸緣) 내심무천(內心無喘) 심여장벽(心如牆壁) 가이입도(可以入道). 밖으로 마음이 가는 모든 인연을 끊고, 안으로는 치구하는 마음이 없어야 한다. 그리하여 마음이 장벽처럼 무심한 상태가 되었을 때 비로소 도(道)에 들어갈 수 있다는 말이다. 욕망·번뇌를 쉬라는 말이다. 그리고 일반적으로 '조사'라고 하면 보리달마를 가리킨다.

일일부작 일일불식

수행자들이여,
일하기 싫으면 굶어라.
빈둥빈둥 세월 보내지 말라.

수행자들이여,
한담으로 소일하지 말라.
금생의 일을 내생으로 미루지 말라.

일일부작 일일불식(一日不作 一日不食) ＿＿ '하루 일
하지 않으면 하루 밥을 먹지 말라(않는다)'는 뜻. 백장 선
사(百丈懷海, 720~814)는 백장선원을 창건하면서 생활철
학, 사원 생활경제의 기반으로 노동을 통한 직접 경작 방
법을 택했다. 이것을 보청(普請), 작무(作務), 또는 우리말
로는 '울력'이라고 한다. 진정한 수행은 좌선 일변도가 아
니고 일상생활 속에서 이루어져야 한다는 뜻. 선농일체
(禪農一體)의 정신은 백장선원의 규범인 동시에 생활철학
이었다고 할 수 있다.

이뭣꼬?

아무것도 아니야.

이뭣꼬 ───── 이것(是)이 무엇인가(甚麼)라는 의문사. 경상도 방언으로 한국산 화두 1호다. 원문은 시심마(是甚麼). 시습마(是什麼)라고도 쓴다. 《벽암록》 51칙 '설봉심마(雪峰甚麼)'라는 공안에서 비롯되었다.

어느 날 한 수행승이 목에 힘을 꽉 주고 설봉 선사를 찾아갔다. 그때 설봉 선사는 다짜고짜로 그들을 향해 몸을 쑥 내밀면서 "시심마(是甚麼, 이것이 무엇인가)?"라고 물었다. 여기서 시심마는 '이 육체를 끌고 다니는 주인공은 누구냐?'는 뜻이다. 이 말은 곧 '그대의 본래면목은 무엇인가?' 또는 '너는, 나는 누구인가?'라는 물음이기도 하며, '존재란 무엇인가?'라는 철학적인 주제이기도 하다.

고해

근심, 걱정, 불안, 슬픔
번민의 바다
괴로움의 늪이다.

인간 세상의 적나라한 모습이다.

고해(苦海) ———— '고통의 바다(苦海)'라는 뜻으로 괴로움이 끝없는 이 인간 세상을 이르는 말이다. 우리가 살아가고 있는 이 현실은 근심, 걱정, 불안, 슬픔 등이 끝이 없다. 하나의 고통(번민)이 끝나면 또 다른 고통(번민)이 기다리고 있다. 그래서 불교에서는 사바세계를 '고해(苦海)'라고 한다. 고해를 건너는 가장 좋은 방법은 하나에 몰입하여 세상을 잊는 것이다. 또 하나는 고해 자체를 무시해버리는 방법이다. 무시해버리는 데는 어쩔 방법이 없다.

무문관

문이 없는 관문
무형의 관문이다.
이 세상에는 없는 희귀한 관문이다.

부처를 이루는 문
선종 제일의 관문
부사의(不思議), 불가량(不可量)의 관문이다.

무문관(無門關) ____ '문이 없는 관문'이라는 뜻이다. 선승들은 수행자에게 이중 삼중으로 관문을 만들어놓고 여길 통과하라고 한다. 그러나 이 문은 '문이 없는 관문.' 이런 문을 어떻게 통과할 것인가? 상식적·논리적으로는 불가능하다. 특수한 문은 특수한 방법으로 열고 들어와야 한다.

《무문관(無門關)》은 선승 무문혜개(無門慧開, 1183~1260)의 공안 모음집이다. 48칙이 수록되어 있는데, 그 첫 관문이 바로 '무자 공안(화두)'이다. 이 공안, 화두를 '선종 제일의 관문'이라고 한다.

육바라밀

보시 : 인색한 자는 만나지 말라.

지계 : 절도(節度) 없는 자는 만나지 말라.

인욕 : 인내할 줄 모르는 자는 세상을 얻을 수 없다.

정진 : 노력하지 않는 자는 성공할 수 없다.

선정 : 집중하지 않는 자는 통찰력을 갖출 수 없다.

지혜 : 지혜가 없는 자는 일평생 개고생을 한다.

육바라밀 ____ 대승불교도들이 실천 수행해야 하는 여섯 가지 덕목. 보시(布施), 지계(持戒), 인욕(忍辱), 정진(精進), 선정(禪定), 지혜(智慧). 바라밀(波羅蜜)은 '고통의 세계(此岸)에서 저 언덕(彼岸), 곧 열반으로 건너간다'는 뜻. 대승불교에서 제시하고 있는 수행 덕목이다.

불교 지식 꽁트

초판 1쇄 발행 | 2023년 11월 7일

지은이 | 윤창화

펴낸이 | 윤재승   펴낸곳 | 민족사

주간 | 사기순 기획홍보 | 윤효진 영업관리 | 김세정

출판등록 | 1980년 5월 9일 제1-149호
주소 | 서울 종로구 삼봉로 81 두산위브파빌리온 1131호
전화 | 02)732-2403, 2404 팩스 | 02)739-7565
홈페이지 | www.minjoksa.org
페이스북 | www.facebook.com/minjoksa
이메일 | minjoksabook@naver.com

ⓒ 윤창화, 2023

ISBN 979-11-6869-040-0 (03220)